Zugeflogen – Band 2

Band
2

Dirk H. Wendt

Zugeflogen

Kurz-Verse und Aquarell-Art

Bibliografische Information der Deutschen Nationalbibliothek:
Die Deutsche Nationalbibliothek verzeichnet diese Publikation
in der Deutschen Nationalbibliografie; detaillierte bibliografische
Daten sind im Internet über www.dnb.de abrufbar.

ISBN 9783756203437

Herstellung und Verlag:
BoD - Books on Demand,
Norderstedt

Umschlaggestaltung, Satz und Layout:
Dirk H. Wendt

Digital-Aquarelle:
Dirk H. Wendt

Ein Wort vorab

Hier sind nun die zweiten 61 Paarungen aus Vier- bis Siebenzeilern und illustrierenden Bild-Impressionen, die mir zugeflogen sind in den letzten gut zehn Jahren.

Wieder umfassen die kurzen Verse und Bilder Erinnerungen und Eindrücke, Humoriges und Satirisches, Zeit- und Sozialkritisches, Liebenswertes und Merk-Würdiges, Fabelhaftes und Saisonales in rein zufälliger Folge.

Mir kam es in dieser Sammlung darauf an, mit sehr wenigen Zeilen ganz viel zu sagen und wirken zu lassen. In der Hoffnung, dass Sie als Leser sich möglichst oft wiederfinden und die Aussagen vielleicht auch mit einem „Ja, genau so ist es!" kommentieren können.

Beim Blättern, Schauen, Lesen und Entdecken wird Ihnen nicht verborgen bleiben, dass doch einige Motive eine starke Beziehung zur norddeutschen Herkunft des Autors offenbaren.
Das ist durchaus so gewollt. Nehmen Sie es als Hommage an die Heimat.

Ich wünsche Ihnen von Herzen viel Freude an diesem Bilder-Lese-Buch!

Im Juli 2022   Dirk H. Wendt

Für Annette

Inhalt

Musenkuss

Unter Zeitdruck, das weiß jeder,
kommt nichts Gescheites aus der Feder.
Hauptsache ist, weiß der Poet,
die Muse küsst ihn – wenn auch spät.

Dreiecksverhältnis

Drei Knospen hier zum Blühen drängen
und darum ihre Mäntel sprengen.
Sie sind verhältnismäßig weit ...
Ihr Bienchen, haltet euch bereit!

See-Blockade

Ich fand den Uferplatz – so zum Verweilen ...
Doch Schwäne wollten ihn mit mir nicht teilen.
Drum wählten sie die See-Blockade.
Mein lieber Schwan, ich fand das schade!

Lass Dir Zeit

Die Schnecke lehrt uns die Geduld ...
Ist sie an ihrem Schicksal Schuld?
Sie trägt 's von Haus aus ohne Klagen.
Hört ich sie „gemach" grad sagen?

Die Taube

Es saß 'ne Taube auf dem Dach
und hörte nicht den Falken – ach ...
Und wisst ihr, was ich darum glaube?
Es war wohl eine taube Taube!

Der Roboter

Der Mensch ist ein komisches Tier:
Er hat doch wirklich dran Plaisir –
als einziges von allen Tieren –
sich selbst ersetzend zu kopieren ...

Vertane Liebesmüh

Aus dunklem Stall flüchtet der Hahn,
kräht aufgeregt: „Hab mich vertan!"
Ihm folgt die Ente – nicht so fix –
und schnattert lachend: „Macht doch nix!"

Goldene Liebe

Wer 's Schiff nach seiner Liebe nennt
und sich schriftlich noch bekennt,
der ist – so zeigt uns sein Gebaren –
ganz goldig wohl damit gefahren.

Mit Möhren im Bunde

Ach, was lebten wir gesund ...
Knackig-frisch, noch voller Erde,
aus derselben rausgerupft
und – damit sie sauber werde –
flüchtig nur schnell abgetupft
mit dem Grün – ab in den Mund!

Erstaunliches

Gerade noch auf Deinem Schoß ...
Jetzt staunst Du: ... ist der Junge groß!
Es ist bei Jungen wie bei Alten:
Das Altern ist nicht aufzuhalten.

Klipp-klapp

Ein Blick, ein Bild – und es geschieht:
Es ist im Kopf, das alte Lied,
und „klappert" dort die Strophen ab –
wie 's alle Mühlen tun – klipp-klapp.

Seid auf der Hut!

Wer ist giftig, welcher gut?
Gebt fein acht beim Pilzepflücken!
Das Unterfangen, es hat Tücken:
Nicht alle Sorten, die da sprießen,
sind ungefährdet zu genießen ...
Wenn Ihr 's tut, seid auf der Hut!

Die Unwesen

Abstrakte Kunst wird gerne so beschrieben:
Da hat doch wer sein Unwesen getrieben!
Der Kenner kontert dann ganz kongenial:
Die Welt nennt diese Art drum surreal ...

Pförtnerhaus Schloss Anholt

Ein Pförtner in bescheid'ner Bleibe,
der denkt sich hinter kleiner Scheibe:
Ein eig'nes Haus – ach, dazumal
War 's Dasein geradezu feudal!

Ostfriesischer Moorherbst

Mancher stellt sich ja das Moor
im herben Herbst ganz düster vor.
Des Kenners Herz dagegen lacht
ob der prallen Farbenpracht!

Angelandet

Wenn die Grundsee gründlich wühlt,
wird so manches angespült ...
Hier am langen Strand entlang
haufenweise Tiefseetang.

Edelweiß

Von des grünen Tales Tief
bis zum blauen Gipfeleis
türmt sich hoch das Bergmassiv.
Und wo ist jetzt das Edelweiß ... ?

In-stent-setzung

Die Ader zum Dichten
war schlicht zu dicht.
Das Herz konnte nicht.
Ich musste verzichten.
Jetzt fließt durch das Rohr
wieder Blut wie zuvor.
Das ist gut fürs Verrichten.

Tasten-Flitzer

Auch wenn die Finger nicht so flitzen,
nicht alle Harmonien „sitzen" ...
das Spiel schafft Lebensqualität.
Und dafür ist es nie zu spät.

Spuren

Wenn der Nordseeküstenstrand
tidemäßig trocken fällt,
zeugen Spuren dort im Sand
von des Meeres „Unterwelt" –
imposant!

In diesen Strauß ist
alles Liebe
eingebunden

Alles Liebe

Ein Bund von Blüten – Ton in Ton –
ein Strauß von Düften – Emotion –
all das will an bestimmten Tagen
der Liebsten „alles Liebe" sagen.

An der Nordseeküste ...

Oben am plattdeutschen Strand
trekken die Wellen an Land:
rastloses Rollen – und Möwen dabei
mit lautlosem Gleiten und Riesengeschrei ...

Der Westwind

Er geht mit starker oder sanfter Kraft,
zwingt Dünen zu der Wanderschaft.
Ja schaut nur: Wo man geht und steht,
sich neue Bilder er erweht ...

Die Falle

Wenn die Maus der Falle naht,
braucht die Süße viel Geschick.
Allzu schnell bricht sonst der Draht
der Nascherin – klack – das Genick ...
Das wäre schad'!

Ball-Sicherheit

Bei Ebbe liegt auf Watt der Ball.
Bei Flut, da ist das nicht der Fall.
Da gibt er Menschen zu verstehen:
Weiter solltet ihr nicht gehen!

Mit dem Wind...

Was bastelte man einst als Kind ...
Ein wenig Holz, Wasser und Wind –
bald schwamm das Floß dahin geschwind
– dorthin, wo die Träume sind.

Heimatlied

Bläst der Sturmwind von Nordwesten,
gibt das Gras ein Lied zum Besten.
Und es ist – wie man hier sieht –
ganz sicher ein plattdeutsches Lied ...

Sinnvolles

Die Pfütze
ist zu gar nichts nütze?
Doch:
sie spiegelt dann und wann
Strahlen des Lichts.
Ist das nichts?

Singvogel Alpen-Krähe

Die Krähe jüngst am Jungfraujoch:
„Singvogel bin ich, aber doch!"
Zum Beweis krächzt sie was vor –
der Jungfrau mittenmang ins Ohr!

Der Gebirgsbach

Es rauscht der Bach jahraus, jahrein
und rundet zigfach Kies und Stein
murmelnd, tosend, immerzu ...
Ich hör da gerne zu. Und Du?

Strand-Claim

Es hat schon manchen abgeschreckt,
dass der Strand so abgesteckt
mit Körbchenzahlen reich und streng ...
Die Nachfrage macht 's eben eng!

Die Wartburg

Hinter diesen Mauern (wer will es bedauern?)
flog aus Luthers Hand ein Fässchen an die Wand.
Der tintenschwere Fleck ist bis heut nicht weg!
Auf Reformen – sag ich schlicht –
wartet man hier ganz sicher nicht ...

Die Möwe von Antigua

Farblich zwar nur Ton in Ton,
doch weiß die Möwe eines schon –
die Haltung zeigt es stolz und klar:
„Ja - ich bin ein Latina-Star!"

Piano-Vergänglichkeit

Genau in der Mitte
erhebt sich das „C",
und es spricht:
„O nein, bitte bitte,
das tut so weh!"
Oder nicht?

Selbstbewusstsein

Krächzt ein Rabe auf dem Zweige
gar nicht feige:
„Krähe
nicht in meiner Nähe!
Schweige!"
Dann singt er selbst
wie eine Krähe ...

Geheimtipp Speierling

Der herbe Saft – hinzugefügt
dem Äppelwoi – wenig genügt –
macht diesen haltbarer auf Dauer!
Welch' Hesse ist darob schon sauer … ?

Früher Frühling

Der Triebe Kraft geht in die Vollen
und sprengt die Frühlingsblumenknollen ...
Kommt zurück der Winter – kalt –
dann war's das halt.
Zuweilen ist zu weilen
doch besser, als zu eilen ...

Äußerlichkeiten

Zum Zebra
sagte einst ein Lama:
„Dich lieb ich nicht,
doch den Pyjama!"
Oft sind 's die äußerlichen Seiten,
die uns Freud' und – Leid bereiten ...

Duftmarke

Der Blütenzauber einer Quitte
mit seinem zarten Apricot,
er macht – ich weiß nicht wie – so froh ...
Der Frühling naht im Sauseschritte!

FRAUEN SIND
DAS SCHÖNSTE,
WAS ES IN DER
ART
GIBT...

Frauen

Wohl jeder Mann kennt viele Frauen
und ist – kein Frauenkenner.
Er müsste sie dafür durchschauen;
nur so gäb 's einen Nenner.
Wem wäre das schon zuzutrauen ... ?

Herzensbildung

Es passiert so viel im Leben ...
Ist 's Zufall oder vorgegeben,
wenn Zwei sich in die Augen sehen
und es ist um sie geschehen ...?

Leuchttürme

Ein Relikt aus dem letzten Jahrhundert ...
Da fragt der junge Mensch sich verwundert,
warum die Türme faszinieren?
Weil sie Geschichte fabulieren!

Schwarm

Es gibt Wesen, die es wagen,
aus der Masse 'rauszuragen.
Fragt sich, ob du als Individualist
Schwarm oder Außenseiter bist ...

Man kennt das ...

Der Hirte ruft: „Die Herde ... kehrt!"
Ein Tier sich dem Befehl verwehrt ...
Das zeigt uns wieder zweifelsfrei:
Ein Schaf ist garantiert dabei!

Romantik ade

Sprach einst die Maid zu einem Mann:
„Ob er mir was pumpen kann ...?"
Der Mann von heute würde sagen,
sie möge bei der Bank mal fragen ...

Bienenstich

Worte können Bilder machen ...
Bei „Bienenstich" seh ich zwei Sachen:
Kuchen und Conditorei
und nach „aua" ... Kindsgeschrei.

Typisch

Typ Mensch – er ändert sich
wohl Jahr um Jahr.
Doch manches bleibt, was schon
beim Kind ganz typisch war.

Kirschen

Knackig-süß von bester Güte –
frisch vom Baume in die Tüte
und dann in den Mund hinein!
Da wird schon keine Made sein ...

Ei

Cholesterinwert hin oder her –
drauf zu verzichten ist zu schwer.
Das Tierprodukt, ich bleibe dabei,
ist nun mal das Gelbe vom Ei!

Wo gehobelt wird, da fallen Späne ...

Späne

Wo gehobelt wird, da fallen Späne.
Das liegt halt in der Luft.
Doch entschädigt uns des Holzes Träne
mit ihrem zauberhaften Duft ...

Wagners Ende

Kunstvolle Räder, hölzerne Speichen –
sie mussten Pneus und Alu weichen.
Ach, wie oft vermiss ich sie,
die Pferd-und-Wagen-Nostalgie ...

Das Tor

Symbol für Kalten Krieg und dessen Ende,
für Teilung, Freiheit und die Wende –
Das Brandenburger Tor, so bleibt zu hoffen,
bleibe ewig und für alle Zeiten offen!

Skyline

Wem ist die Skyline zu verdanken?
Es sind mal wieder große Banken ...
Ein Spiegelbild der neuen Welt:
Es geht um Macht, Profit – um Geld.

Sale

Aus der wahren Welt wird mit der Zeit
die Waren-Welt – wer ist bereit,
dem Trend zu trotzen, der verfehlt,
bevor sie völlig ausge-saled ... ?

Tanz

Wer tanzen möcht' in den Himmel hinein,
dem rate ich, bestrebt zu sein,
dass er es gut und richtig lerne
beizeiten – unterhalb der Sterne ...

Mein grünes Plätzchen

Im Garten hinten in der Ecke
kurz vor der dichten Lorbeerhecke
lass ich gern Gedanken blüh'n –
und das Plätzchen grünt so grün ...

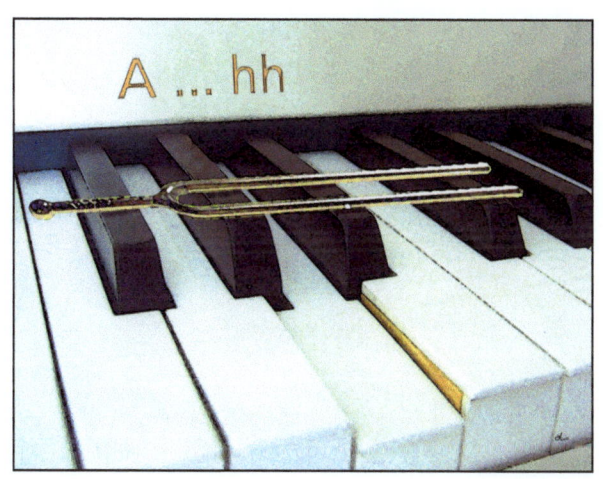

Tonaler Reichtum

Zwölf Töne hat die Tastatur ...
wie ist es denn bloß möglich nur,
dass Künstler – geb ich zu bedenken –
uns so viel Reichtum damit schenken ... ?

Fangquote

Je globaler, wird gewarnt,
desto geschickter er sich tarnt –
der Trickser, Gauner, Bauernfänger ...
Passt auf, die Maschen werden enger!

Alles fließt

Alles fließt – es ist nichts
aufzuhalten ...
Drum genießt und freut euch
am Gestalten!

Klimawandel

„Es ist zu heiß!" – „Mir ist zu kalt!",
hört man die Leute klagen.
Leichter als diese lässt sich halt
das Klima oft ertragen ...

Rauchen auf der Kippe

Das Großmaul könnte darauf schwören:
„Es ist doch leicht, mit Rauchen aufzuhören!"
Es steckt sich eine an und pafft ...
„Ich hab 's schon hundertmal geschafft!"

Der Autor und Gestalter

Dirk H. Wendt

Dirk H. Wendt hat zwei große Leiden-
schaften: das Spiel mit Worten und das
Gestalten von Bildern.

Wenn er zur Feder greift und „verslich
philosophiert", entsteht Zeitkritisches
und Satirisches, Humoriges und Pikantes,
Nachdenkliches und Fabelhaftes.

Die Gedichte umfassen Vier- bis Siebenzeiler wie in der
Trilogie „Zugeflogen" und im Sammelband „Durch die
Blume gereimt", Kurzgedichte wie in den beiden Bänden
„Versolophie" und längere Abhandlungen wie in dem
Vortragsbändchen „Leben Ehe Liebe" und im Bilder-Lese-
Buch für Erwachsene „Frivolitätchen".
Mehr darüber auf den übernächsten Seiten.

Den Impuls zum Konzipieren und Reimen gab ihm u.a.
die Lektüre der Gedichte großer Idole: Wilhelm Busch,
Christian Morgenstern, Joachim Ringelnatz und Kurt
Tucholsky, Eugen Roth und Erich Kästner, Heinz Erhardt
und James Krüss.

Seine zahlreichen bildlichen Kreationen erschafft Dirk
H. Wendt mit grafischen Mitteln und Fähigkeiten sowie
mit Hilfe digitaler Techniken aus Fotos und anderen
Werkstoff-Vorlagen. Typisch dabei sind die struktuelle
Akzentuierung natürlicher Formen und Farben wie beim
Aquatinta-Stil oder auch die aquarell-ähnliche Vernach-
lässigung der Details.

Diese Bilder verschiedenster Art – von Pflanzen und
Tieren über Städte, Landschaften und Personen bis zum
Abstrakten – präsentiert Dirk H. Wendt online.
Sie sind dort in Galerien bzw. Sets geordnet, die man
findet unter:
o www.ohmyprints.com/de/kuenstler/
   Dirk-H-Wendt/45753
o www.aristroprint.de/marketplace/
   seller/collection/Wendt-CC
o www.posterlounge.de/kuenstler/
   dirk-h-wendt

Man kann darin stöbern und entdecken und die Werke
ganz nach Wunsch mit unterschiedlichen Formaten und
Bildträgern auswählen und bestellen.
Seine kreativen Ideen finden sich auch auf Textilien und
Gebrauchsgegenständen, die er unter
„www.redbubble.com/de/people/dhwendt/shop"
anbietet.

Dirk H. Wendt hat seine Wurzeln in Oldenburg, erhielt
eine Ausbildung zum Schriftsetzer und Typographen und
danach in Berlin zum Diplom-Werbewirt an der Staatl.
Akademie für Grafik, Druck und Werbung.
Seit 1970 arbeitet er freiberuflich als Werbetexter,
Creative Director, Berater für Agenturen und Unterneh-
men und als Publizist – heute in Dietzenbach-Steinberg
bei Frankfurt am Main.

Bücher von Dirk H. Wendt sind erhältlich bei
www.BoD.de/Buchshop
(wo man sie auch probelesen kann) sowie bei allen
Buchketten und natürlich in jeder Buchhandlung.

„Leben - Ehe - Liebe – Zirkus - Rummel - Triebe"
Verse zum Vortragen

Taschenbuch, 48 Seiten, EUR 8,99

ISBN 9783755786009
E-Book - EUR 4,49 - ISBN 97837552332

Was Wendt hier über das Leben allgemein, das
Eheleben speziell und über Liebe und Essen als
abhängige menschliche Triebe in humorigen geschliffenen Versen
erzählt, ist nicht nur recht lesenswert, sondern auch trefflich zum
Vortragen geeignet.

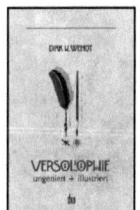

„Versolophie"
ungeniert + illustriert

Taschenbuch, 108 Seiten, EUR 16,99

ISBN 9783755748229
E-Book - EUR 6,99 - ISBN 9783755731733

Bei der pointenreichen Vielfalt an 49 Kurzgedichten
reiht sich - nomen est omen - Philosophisches an
Humoriges und Pikantes, Sozial- und Zeitkritisches an Saisonales und
Fabelhaftes - korrespondierend mit eigenen vornehmlich digitalen
Aquarellen des Autors.

„Versolophie 2"
ungeniert + illustriert

Taschenbuch, 108 Seiten, EUR 16,99

ISBN 9783756220557
E-Book - EUR 6,99 - ISBN 9783756253401

Eine gelungene Fortsetzung mit wiederum 49 Kurz-
gedichten präsentiert Dirk H. Wendt mit seinem
zweiten Sammelband - und damit eine wieder pointenreiche, thema-
tisch große Vielfalt an Versen unterschiedlichster Reimform - wie im
ersten Band mit eigenen Bildern emotional begleitet.

„Durch die Blume gereimt"
Was wir mit der Blumensprache
sagen können

Taschenbuch, 56 Seiten, EUR 13,99
ISBN 9783755794769
E-Book - EUR 5,49 - ISBN 9783754378496

Wie es Dirk H. Wendt in diesem Büchlein gelingt in der Sprache von 44 unterschiedlichen Blumen und Blüten jeweils einen charmanten, passenden, einfühlsamen und vielfach originellen Vierzeiler zu kreieren, ist ebenso informativ wie unterhaltsam.

Das Bilder-Lese-Buch für Erwachsene
„Frivolitätchen"
Erzählt, gereimt und bebildert

Taschenbuch, 54 Seiten, EUR 10,99
ISBN 9783756214532
E-Book - EUR 4,49 - ISDN 9783756268672

Schmunzeln ist angesagt, wenn Dirk H. Wendt beim Spaß am Spiel mit Worten und Bildern dem allzu Menschlichen auf den Grund geht. Eine Sammlung, bei der es lohnt, den Spaß mit dem Autor zu teilen.

Das Bilder-Lese-Buch für Kinder ab 8 Jahren
„Die Katze und das Mausen"

Booklet, 28 Seiten, EUR 8,99
ISBN 9783755773238
E-Book - EUR 4,49 - ISBN 9783755769118

Ob die tapfere klitzekleine leichtgläubige Mausi dem riesengroßen Kater und Katzenvater gewachsen ist, wird hier natürlich nicht verraten. Auf jeden Fall ein fein gereimtes Theater, dass auch den Erwachsenen eine Lehre sein kann ...